Mein erstes Buch Ritter und Burgen

INHALT

Rund um die Burg 6
Die Burgmauern und die Zugbrücke 8
Der Eingang 10
Im Wirtschaftshof 12
Der Wohnturm 14
Im Marstall 16
Der Wald 18
Berühmte Burgen 20

Das Leben in der Burg 22
Die Familie des Burgherrn 24
Nachwuchs auf der Burg 26
Die Burgschule 28
Kinderspiele auf der Burg 30
Der Schlafraum 32
In der Burgküche 34

Das Festmahl 36
Das Turnier 38
Der Wettkampf 40
Auf der Jagd 42
Die Bewohner der Burg 44

Auf in die Schlacht! 46
Die Ritterrüstung 48
Die Soldaten 50
Sturm auf die Burg 52
Angriff und Verteidigung 54
Das Burgverlies 56
Die Waffen 58
Endlich Frieden! 60
Die Wappen der Ritter 62

Vom Pagen zum Ritter 64
Der Page 66
Der Reitunterricht 68
Der Knappe 70
Auf der Jagd und im Krieg 72
Der Ritterschlag 74

Was weißt du über
die Ritter? 76

Register 78

Rund um die Burg

Schau mal, dort oben steht eine riesige Burg!
Ihre hohen Mauern und gewaltigen Türme sind
schon aus der Ferne gut zu erkennen.

Die Burgmauern und die Zugbrücke

Die Burg ist gut befestigt und schwer zu erobern. Dicke Mauern schützen die Bewohner vor Angriffen.

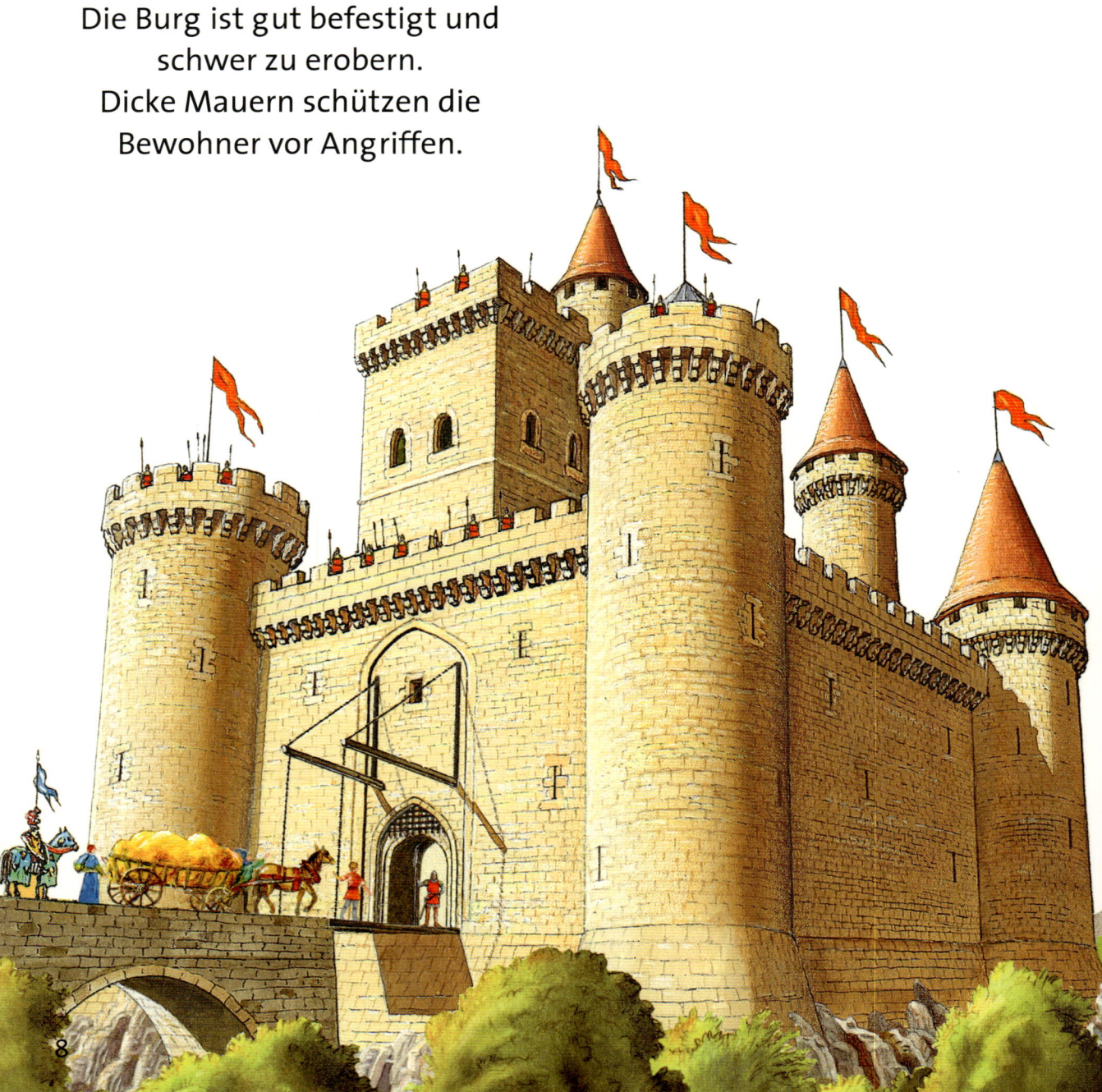

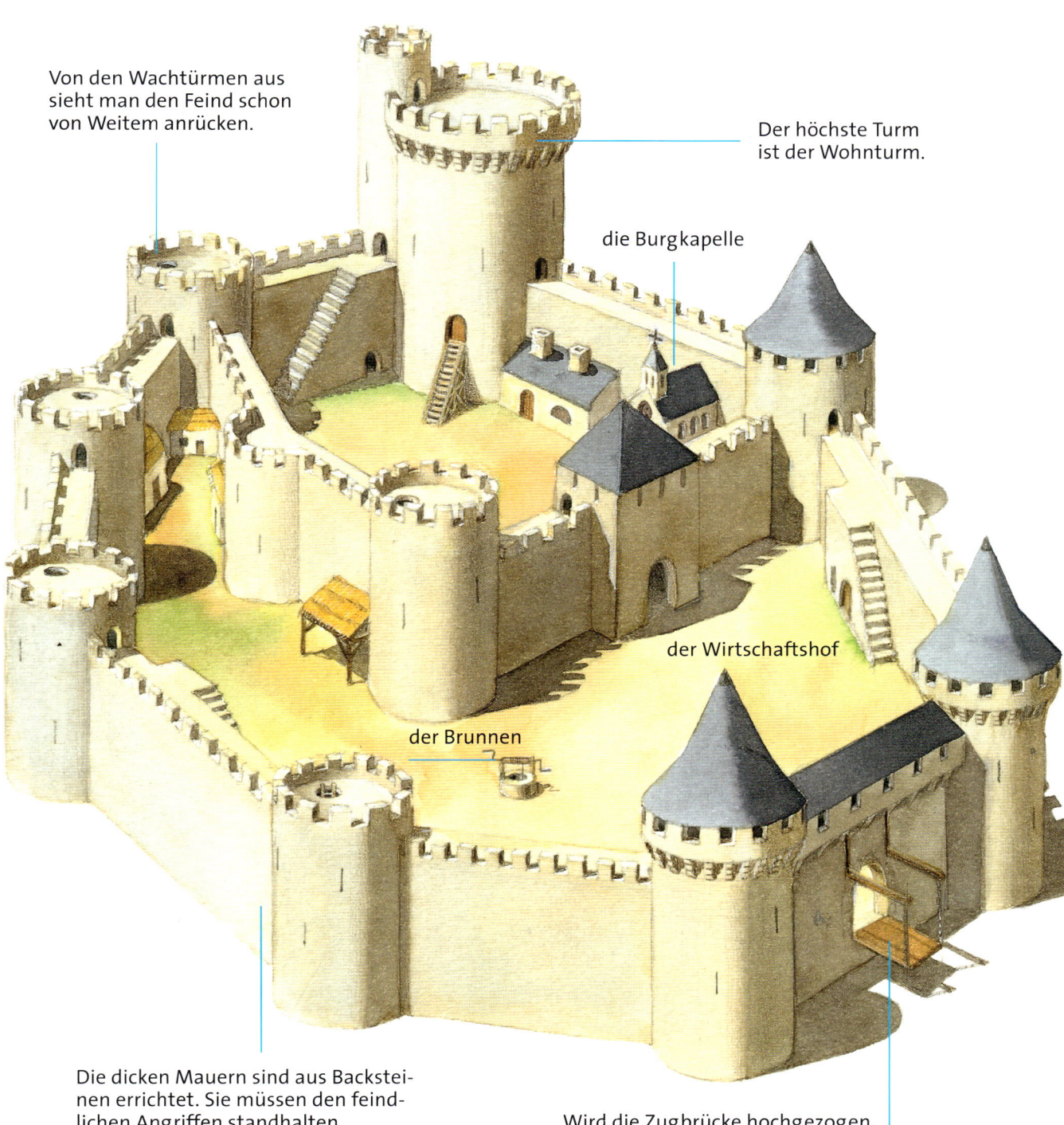

Von den Wachtürmen aus sieht man den Feind schon von Weitem anrücken.

Der höchste Turm ist der Wohnturm.

die Burgkapelle

der Wirtschaftshof

der Brunnen

Die dicken Mauern sind aus Backsteinen errichtet. Sie müssen den feindlichen Angriffen standhalten.

Wird die Zugbrücke hochgezogen, ist der Eingang zur Burg versperrt.

Der Eingang

Die Zugbrücke ist heruntergelassen.
Die Reiter können das Tor passieren.

Ein Fallgatter schützt den Eingang. Bei Gefahr wird es schnell heruntergekurbelt.

Im Wirtschaftshof

Wenn Feinde nahen, fliehen die Bauern aus den umliegenden Dörfern in die Burg. Auch ihr Vieh nehmen sie dann mit.

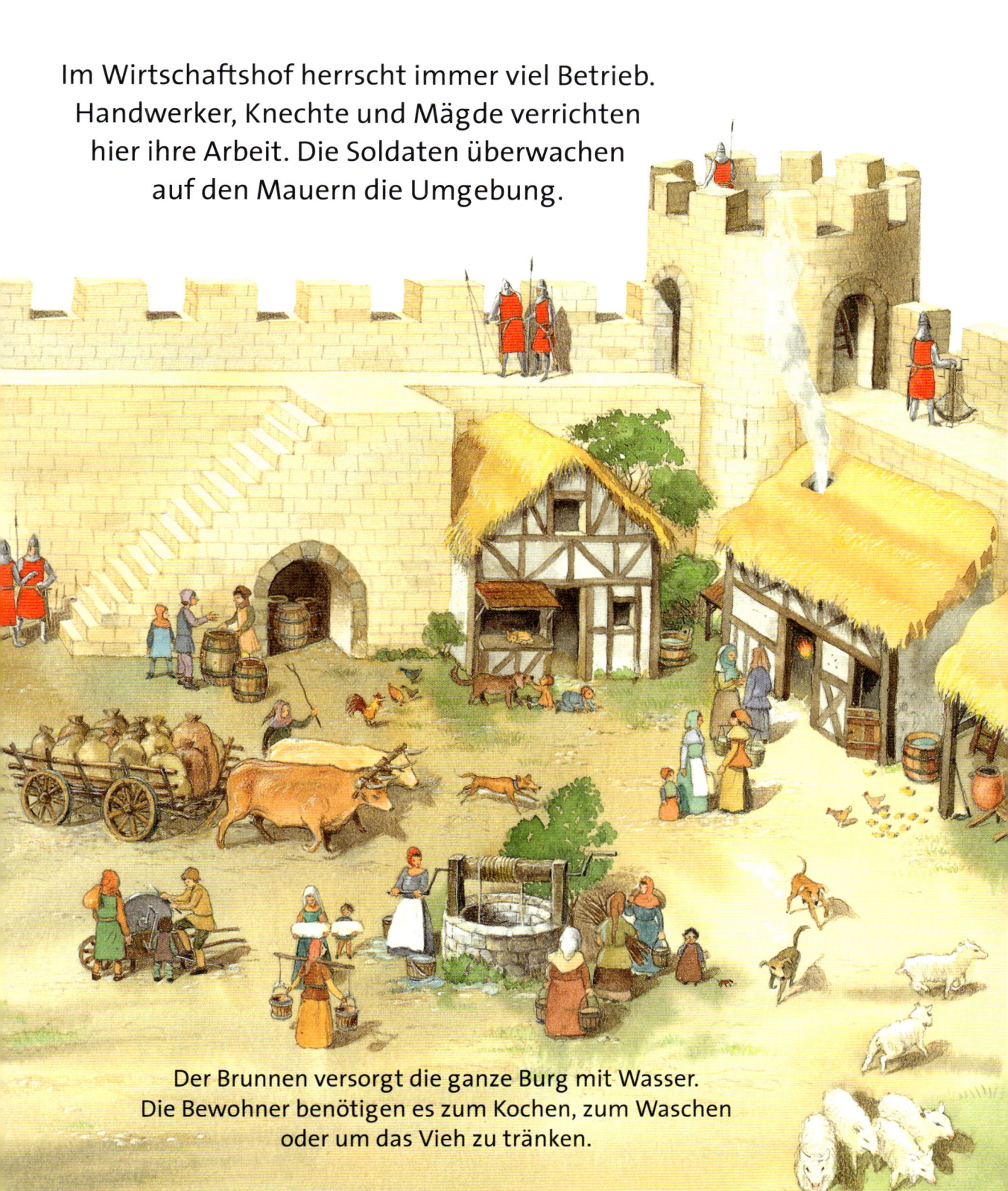

Im Wirtschaftshof herrscht immer viel Betrieb. Handwerker, Knechte und Mägde verrichten hier ihre Arbeit. Die Soldaten überwachen auf den Mauern die Umgebung.

Der Brunnen versorgt die ganze Burg mit Wasser. Die Bewohner benötigen es zum Kochen, zum Waschen oder um das Vieh zu tränken.

Der Wohnturm

Der Wohnturm ist der wichtigste Turm der Burg. Er ist deshalb besonders gut geschützt. Im Inneren befinden sich die Gemächer des Burgherrn und seiner Familie.

Bei einem Angriff können die Soldaten hinter den Zinnen in Deckung gehen.

Die schmalen Öffnungen sind Schießscharten.

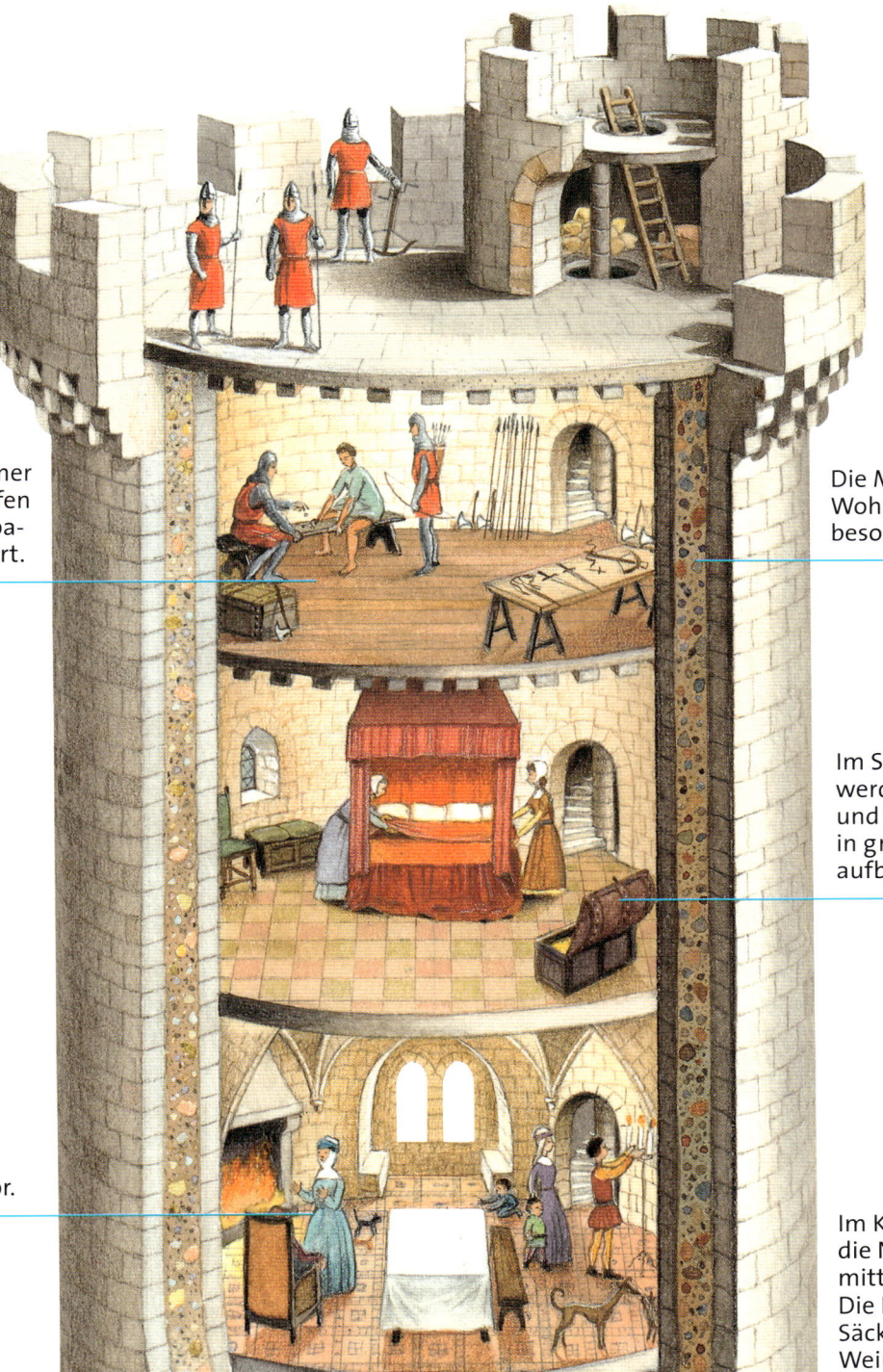

In der Rüstkammer werden die Waffen der Soldaten repariert und gelagert.

Die Mauern des Wohnturms sind besonders dick.

Im Schlafraum werden Wäsche und Kleidung in großen Truhen aufbewahrt.

Im Speisesaal bereiten die Diener alles für das Festmahl vor.

Im Keller lagern die Nahrungsmittelvorräte. Die Fässer und Säcke sind voller Wein, Getreide, Dörrfleisch und vielem mehr.

Im Marstall

Im Marstall sind die Pferde des Burgherrn untergebracht.

Der Stallknecht kümmert sich um die Pferde.

Der Schmied fertigt die Hufeisen für die Pferde an.

Ein Ritter ist ein bewaffneter Reiter. Auf seinem Streitross zieht er in den Kampf.

Zugpferde ziehen die Wagen und Kutschen.

Im Winter werden die Pferde im Stall mit Heu gefüttert. Im Sommer grasen sie auf der Weide.

Der Wald

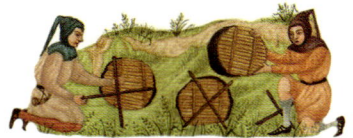

Oft sind Burgen von großen Wäldern umgeben. Darin leben zahlreiche Tiere und es wachsen viele unterschiedliche Pflanzen.

Je nach Jahreszeit sammeln die Menschen Esskastanien, Nüsse, Pilze, Honig oder Beeren.

Mit dem Holz wird in den kalten Räumen der Burg ein wärmendes Feuer entfacht.

Im Wald jagt der Burgherr mit seinen Männern das Wild.

Doch Vorsicht, hier lauern auch Räuber! Sie überfallen vorbeireitende Reisende.

Die Bauern treiben ihre Schweine in den Wald. Die Tiere fressen sich hier an den Eicheln satt, die auf dem Boden liegen.

Berühmte Burgen

Burgen gibt es in vielen Ländern. Die mächtigen Bauten können ganz unterschiedlich aussehen.

Kilchurn Castle in Schottland

das Château de Rully in Frankreich

der Krak des Chevaliers in Syrien

das Castel del Monte in Italien

das Château de Loches
in Frankreich

die Burg Himeji
in Japan

die Burg Peñafiel
in Spanien

die Festungsstadt Avila
in Spanien

Das Leben in der Burg

Auf der Burg gibt es viele Dienerinnen und Diener.
Sie arbeiten für den Burgherrn und seine Familie.

Die Familie des Burgherrn

Die Burg gehört dem Burgherrn. Er wohnt dort mit seiner Frau und seinen Kindern.

Alle müssen dem Burgherrn gehorchen.

Zum Zeitvertreib spielt er gerne Schach oder Würfelspiele.

Die Burgherrin beaufsichtigt die Diener, Mägde und Knechte.

Die Kinder haben eine Menge Spielzeug.

Der Burgherr reitet oft aus, um nach seinen Ländereien zu sehen. Seine Frau und seine Kinder verlassen die Burg nur selten.

Nachwuchs auf der Burg

Wenn ein Kind geboren wird, ist das ein großes Ereignis auf der Burg.

Die Burgherrin bringt ihr Kind zu Hause zur Welt. Andere Frauen helfen bei der Geburt.

Das Baby ist da! Das Kleine wird zuerst gewaschen und dann gewickelt.

Am Tag der Taufe bekommt das Baby seinen Namen.

Eine Amme stillt es zwei Jahre lang.

Das Baby wird mit Wiegenliedern in den Schlaf gesungen.

In einem Holzzuber wird das Kleine gebadet.

Die Burgherrin hat viele Kinder.

Wenn der älteste Sohn erwachsen ist, wird er der neue Burgherr.

Die Burgschule

Mit sechs Jahren beginnt für die Söhne und Töchter des Burgherrn die Schulzeit.

Die Kinder schreiben auf einer Holztafel, die mit Wachs bedeckt ist. So kann man das Geschriebene ganz leicht wieder wegwischen. Die Tafel hängen sie sich an den Gürtel.

Bücher sind selten und sehr kostbar. Die Kinder passen gut auf sie auf.

Die Kinder der Bauern gehen nicht zur Schule. Sie müssen ihren Eltern bei der Feldarbeit helfen.

Kinderspiele auf der Burg

Die Kinder des Burgherrn spielen gerne. Ihr Spielzeug ist meist aus Holz oder Ton gemacht.

Mit diesem Holzgestell auf Rädern lernen kleine Kinder laufen.

Die Rasseln der Kinder haben ganz verschiedene Formen.

Die Jungen und Mädchen spielen mit Bällen aus Stoff oder Leder.

Mit einem Stab treibt der Junge den Holzreifen geschickt über den Hof.

Die Mädchen spielen gerne mit Puppengeschirr. Die Jungen reiten auf ihrem Steckenpferd.

Schon früh lernen die Kinder des Burgherren Instrumente zu spielen.

Die kleinen Mädchen üben das Nähen und Sticken ...

... aber am liebsten spielen sie mit ihren Puppen!

Der Schlafraum

Die Kinder haben auf der Burg keine eigenen Zimmer.

Zusammen mit ihren Eltern schlafen sie in einem großen Bett.

In der Burgküche

In der Burgküche bereiten die Köche die leckersten Speisen zu. In den großen Töpfen brodelt eine Suppe. Und auf der riesigen Feuerstelle wird sogar ein ganzes Schwein gegrillt.

In den Weinbergen werden Trauben angebaut. Daraus wird Wein gemacht, der in große Fässer gefüllt wird.

Die Burgbewohner essen jeden Tag Brot. Es wird in einem Backofen gebacken.

Das Festmahl

Der Burgherr veranstaltet ein großes Festessen. Er hat dazu die Bewohner der Burg und all seine Freunde eingeladen.

Jongleure, Akrobaten, Tierbändiger und Musikanten unterhalten die Gäste während des Festmahls.

Auf dem Tisch steht feines Geschirr.

Das Turnier

Ein Turnier findet statt! Bei den Wettbewerben treten die Ritter gegeneinander an, um ihre Kräfte zu messen.

In den bunten Zelten machen sich die Ritter für den Kampf bereit.

Die Pferde werden mit prächtigen Decken geschmückt, die man Schabracken nennt.

Die Trompeter geben das Signal: Das Turnier beginnt.

Die Jongleure unterhalten am Abend die Gäste.

Viele Ritter nehmen an dem Turnier teil. Sie legen ihre Rüstungen an, um sich vor Verletzungen zu schützen. So ein Turnier ist nicht ungefährlich!

Die Ritter kämpfen mit einer langen Lanze aus Holz.

Die vornehmen Gäste verfolgen den Kampf von der Tribüne aus.

Aus der ganzen Gegend strömen die Zuschauer herbei.

Der Wettkampf

Die beiden Ritter galoppieren aufeinander zu.
Die Zuschauer feuern die Kämpfer an.

Wer es schafft, seinen Gegner mit der Lanze vom Pferd zu stoßen, hat gewonnen.

Auf der Jagd

Der Burgherr liebt die Jagd im Wald. Zusammen mit seinem Gefolge bricht er zu Pferde auf.

Meist jagen sie Hasen, Fasane und andere kleine Waldtiere. Doch die Jagdgesellschaft hofft auf größere Beute wie Bären, Wölfe oder Hirsche.

Mit langen Spießen bewaffnet, nehmen es die Jäger mit den gefährlichsten Tieren auf.

Die Jagdhunde hetzen das Wildschwein durch den Wald.

Die Bewohner der Burg

Rund um die Burg leben und arbeiten viele Menschen. Weißt du, was sie machen?

die Bäuerin und der Bauer

der Küfer

der Zimmermann

der Barbier

der Knecht

der Geistliche    die Musikantin    der Diener

die Ritter

Auf in die Schlacht!

Ein Krieg ist ausgebrochen! Die Ritter legen ihre Rüstungen an und greifen zu den Waffen.

Zusammen mit ihren Männern ziehen sie in den Kampf.

Die Ritterrüstung

Die Rüstung ist aus Eisen gefertigt. Sie schützt den Ritter vor Pfeilen und Schwerthieben.

Die Rüstung ist sehr schwer! Deshalb müssen dem Ritter zwei Knappen beim Aufsteigen helfen. Stürzt er vom Pferd, kann er nur mit großer Mühe alleine aufstehen.

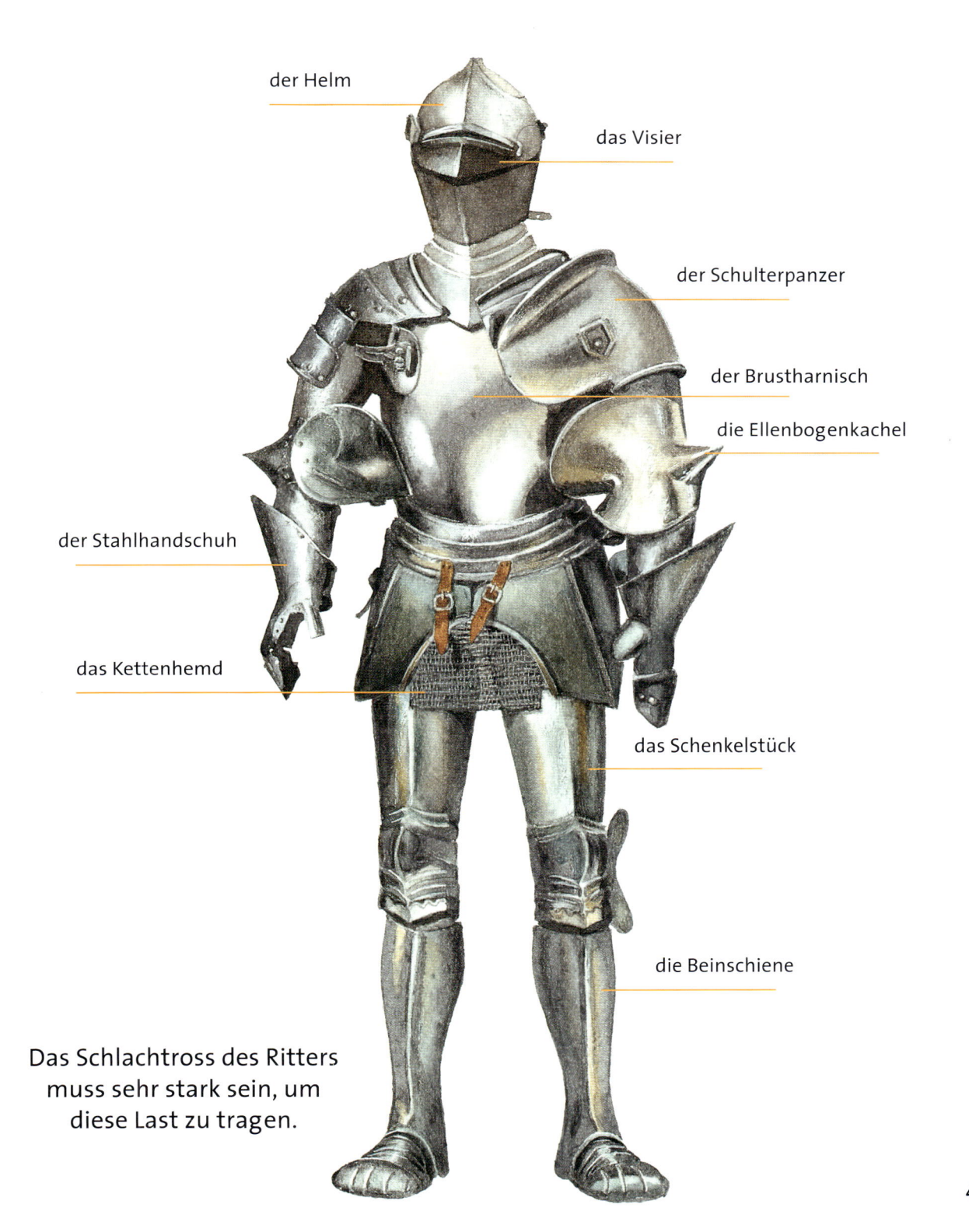

- der Helm
- das Visier
- der Schulterpanzer
- der Brustharnisch
- die Ellenbogenkachel
- der Stahlhandschuh
- das Kettenhemd
- das Schenkelstück
- die Beinschiene

Das Schlachtross des Ritters muss sehr stark sein, um diese Last zu tragen.

Die Soldaten

Gemeinsam mit dem Ritter ziehen noch viele andere Soldaten in die Schlacht.

An der Spitze seiner Lanze trägt der Ritter ein Banner. Darauf ist sein Familienwappen abgebildet. So kann man ihn auch dann gut erkennen, wenn er seine Rüstung angelegt hat.

Der Bogenschütze muss sehr geschickt sein. Die Pfeile stecken in seinem Köcher.

Der Armbrustschütze schießt Bolzen ab. Die Geschosse dringen sogar durch eiserne Rüstungen.

Der Fußsoldat ist oft ein Bauer, der im Dienst des Ritters steht.

Der Herold leitet Nachrichten an die Soldaten weiter.

Sturm auf die Burg

Die Burg wird angegriffen! Feindliche Soldaten stürmen die Festung und versuchen die Mauern zu überwinden.

Die Soldaten klettern auf einer Sturmleiter den Turm hinauf.

Bogenschützen versuchen die Angreifer zurückzuschlagen.

Einige Soldaten warten noch auf den Befehl zum Angriff.

Mit Katapulten werden Steinbrocken geworfen, die Löcher in die Mauer reißen.

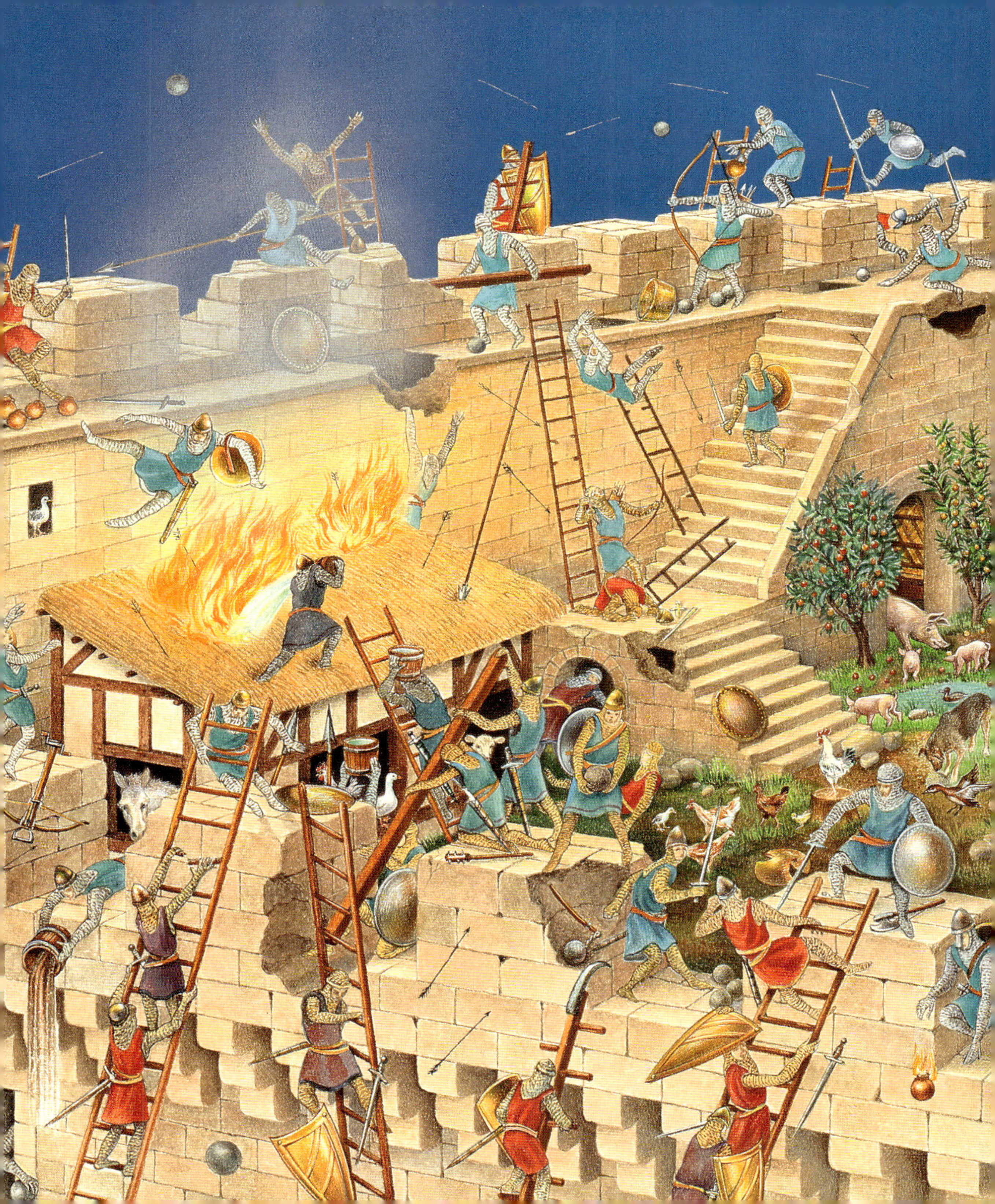

Angriff und Verteidigung

Die Burgbewohner versuchen die Angreifer mit allen Mitteln abzuwehren.

Die Verteidiger können hinter den Zinnen in Deckung gehen.

Mit langen Gabeln stoßen sie die Sturmleitern um.

Das Burgverlies

Einige feindliche Soldaten haben es ins Innere
der Burg geschafft. Hier gehen die Kämpfe weiter.
Einer der Angreifer tritt auf eine Falltür ...

... und stürzt ins Burgverlies hinab!

Die Waffen

In der Schlacht kämpfen die Soldaten mit unterschiedlichen Waffen.

das Schwert mit der Scheide

der Helm

der Streitflegel

der Streitkolben

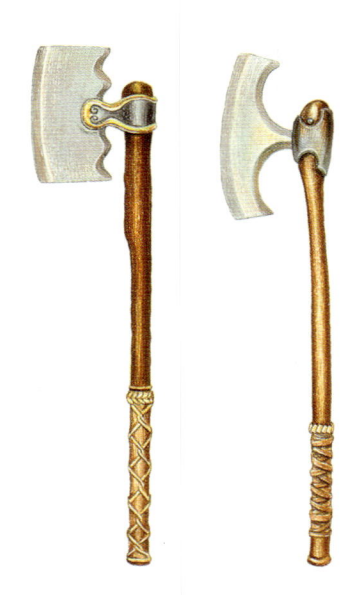

die Kriegsbeile

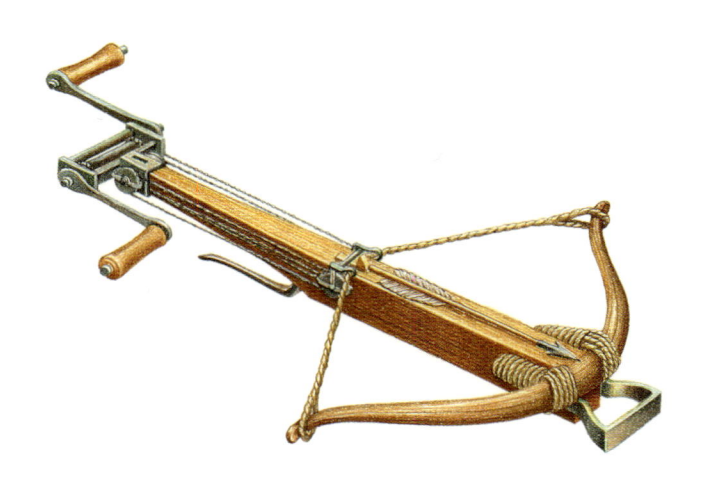

die Armbrust

Die Angreifer haben vor den Burgmauern ein Lager errichtet. Mit gefährlichen Belagerungsmaschinen greifen sie die Burg an.

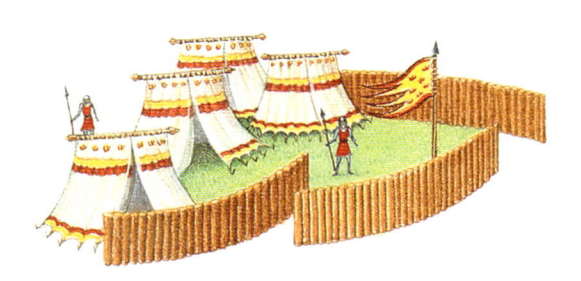

Das feindliche Lager wird durch Palisaden geschützt. Sie bestehen aus dicken Holzpfählen.

Die Bogenschützen stehen hinter einer Schutzwand. Sie heißt Pluteus.

das Katapult

die Blide

Der Belagerungsturm wird vor die Burg geschoben, um die hohen Burgmauern zu überwinden.

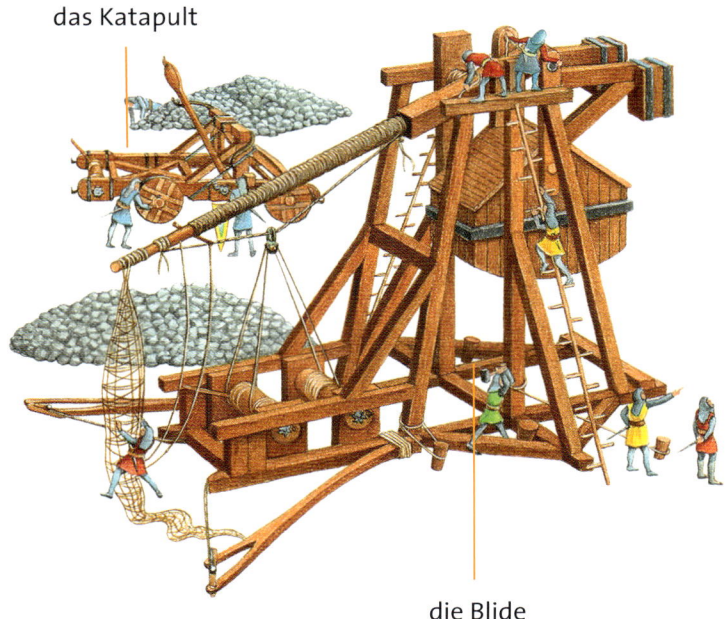

Mit dem Katapult und der Blide schleudern die Angreifer große Steinbrocken gegen die Mauern.

Endlich Frieden!

Der Krieg ist vorbei, die Burgherren haben Frieden geschlossen. Nun muss die Burg repariert werden.

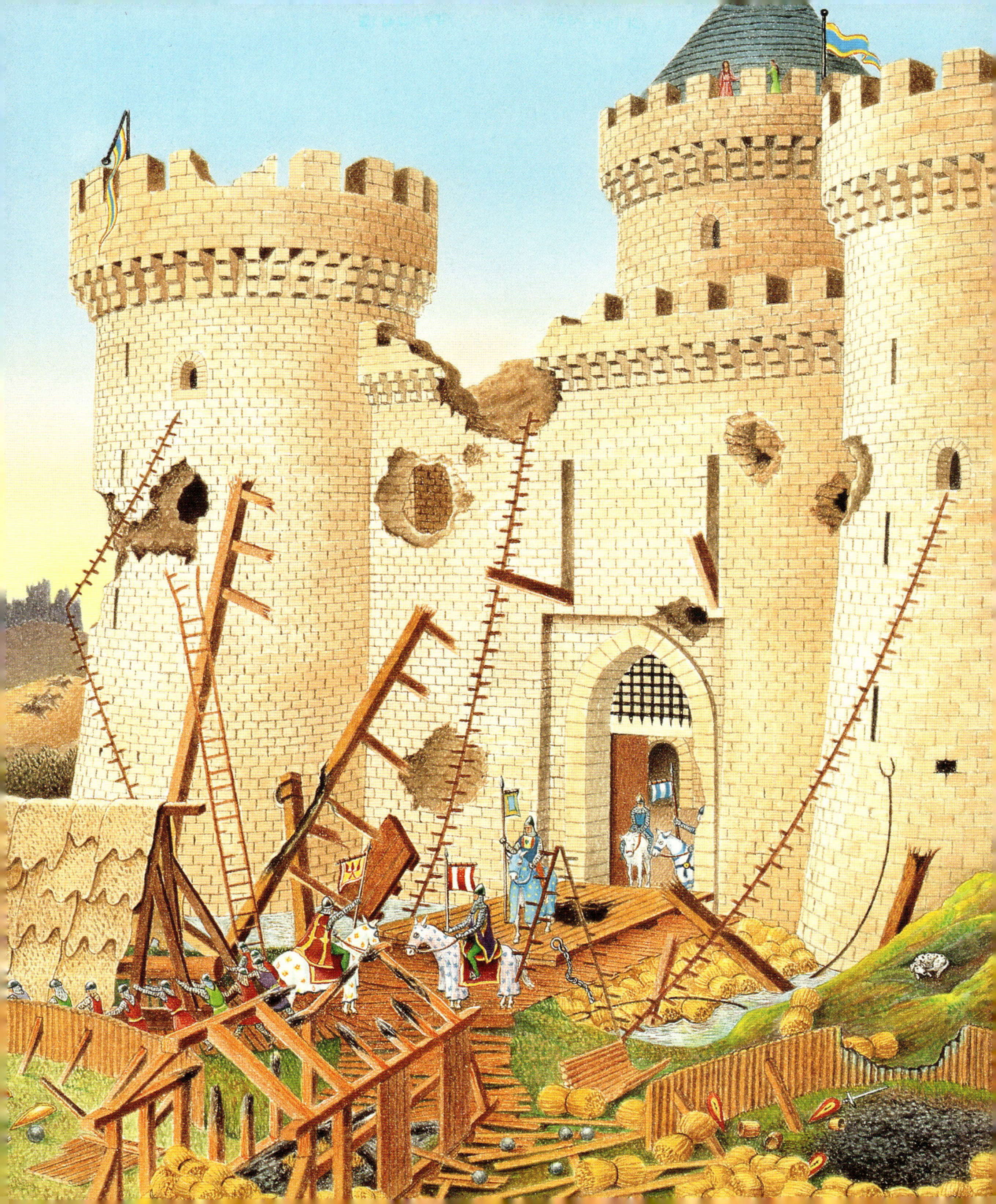

Die Wappen der Ritter

Jede Ritterfamilie hat ein eigenes Wappen. Daran kann man sofort sehen, zu welcher Familie ein Ritter gehört.

Die Wappen zeigen ganz unterschiedliche Motive.
Es können Tiere, Blumen oder geometrische Formen sein.

Das Wappen schmückt auch das Banner und den Schild des Ritters.

Vom Pagen zum Ritter

Die Söhne der Ritter werden später ebenfalls Ritter. Die Ausbildung der Jungen beginnt schon sehr früh.

Der Page

Wenn der Sohn des Ritters sieben
Jahre alt ist, wird er Page.

Seine Lehrzeit verbringt der
Page auf einer anderen Burg.

Während der Ausbildung zum Ritter
bleibt nur wenig Zeit zum Spielen.

Bei einer Dame lernen die Pagen Tanzen,
Musizieren und gutes Benehmen.

Der Page muss seinen Herrn
bei Tisch bedienen.

Die Pagen üben bereits den Umgang mit Waffen. Dazu benutzen sie Schwerter aus Holz.

Ein Ritter muss stark und kräftig sein! Deshalb gehört auch das Kämpfen zu ihrer Ausbildung.

Im Marstall versorgen sie die Pferde.

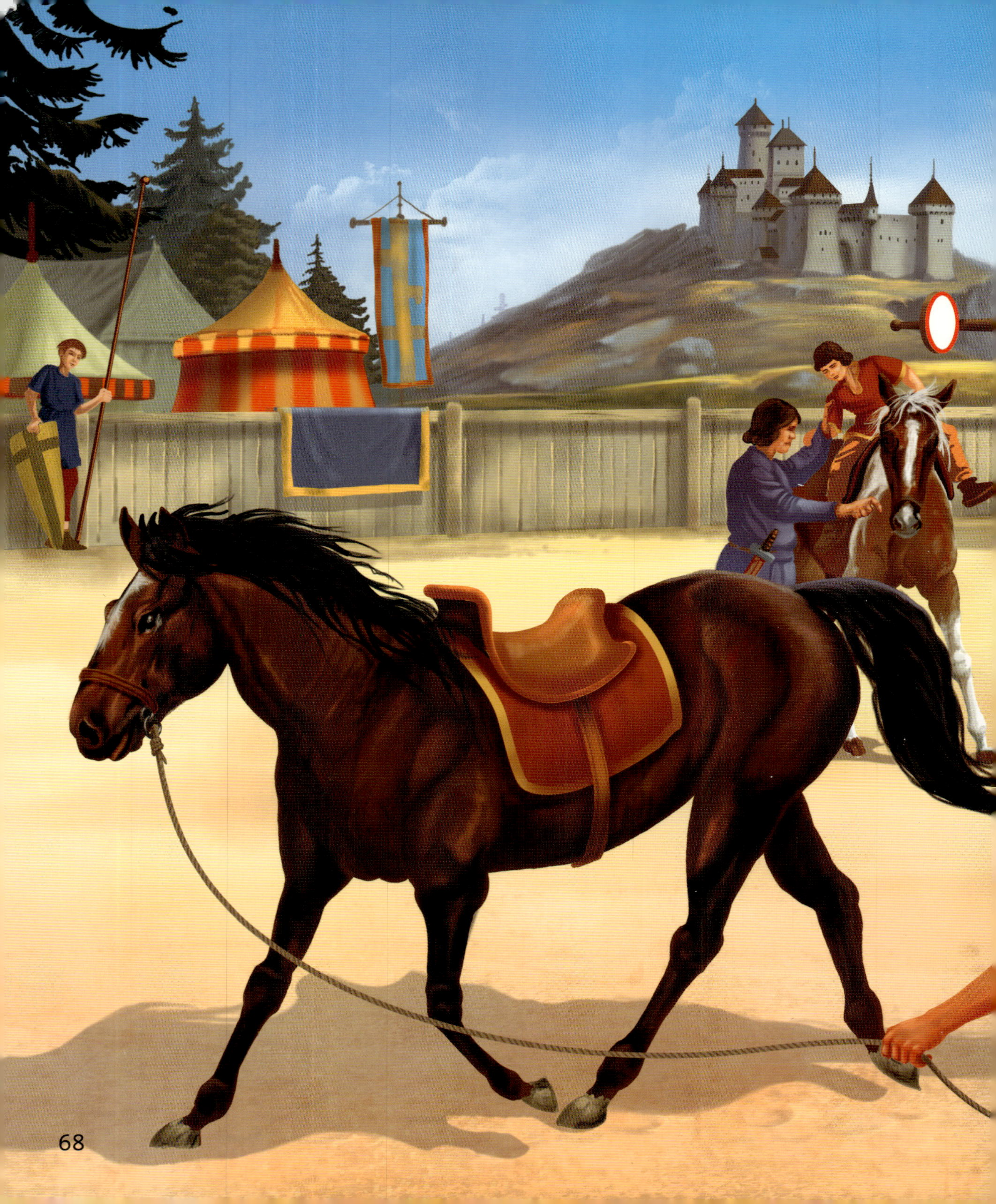

Der Reitunterricht

Am Anfang lernt der Page das Reiten auf einem Holzpferd.

Aber schon bald darf er auf einem echten Pferd reiten!

Der Knappe

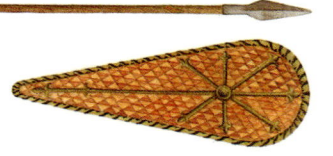

Mit vierzehn wird der Page zum Knappen ernannt.
Dann tritt er in den Dienst eines Ritters.

Sein Vater schenkt ihm zu diesem Anlass ein echtes Kurzschwert.

Bei einem Waffenmeister erlernt er den Umgang mit verschiedenen Waffen.

Bequem hat es der Knappe nicht. Er schläft auf dem Boden.

Mit seinem Herrn oder den Damen der Burg spielt er Schach.

Der Knappe lernt auch, wie man im Krieg oder bei einem Turnier kämpft. Das übt er mit einer Holzpuppe, der Quintana. Auf der einen Seite der Puppe hängt ein Schild, auf der anderen ein schwerer Sandsack.

Im Galopp reitet der Knappe mit seiner Lanze auf die Quintana zu. Doch Vorsicht! Trifft er den Schild, dreht sich die Puppe und der Sandsack schnellt vor. Dann muss der Reiter ihm flink ausweichen.

Auf der Jagd und im Krieg

Der Knappe begleitet seinen Herrn überallhin. So lernt er von ihm alles, was ein richtiger Ritter können muss.

Geht der Ritter auf die Jagd, bläst der Knappe das Horn.

Mit Pfeil und Bogen erlegt er Kleinwild wie Hasen oder Fasane.

Manchmal darf er den Falken des Ritters halten.

Der Falke ist darauf abgerichtet, Hasen und Enten zu jagen.

Reitet sein Herr in den Krieg, begleitet ihn der Knappe. Er kümmert sich um die Ausrüstung, pflegt die Schwerter und Lanzen und trägt den Schild auf das Schlachtfeld.

Der Ritterschlag

Hat der Knappe Mut und Tapferkeit bewiesen,
wird er mit einundzwanzig Jahren endlich Ritter.
Er empfängt den Ritterschlag.

Zuerst nimmt er ein Bad in kaltem Wasser.

Die Nacht vor dem Ritterschlag verbringt er in der Kapelle. Er betet, ohne sich zu bewegen und ohne zu schlafen: Er hält die Waffenwache.

Sein Herr schlägt ihn zum Ritter: Er berührt ihn mit dem Schwert und spricht dazu eine bestimmte Formel.

Der Knappe erhält seine Waffen und ein Pferd. Nun ist er ein echter Ritter!

Der junge Ritter kehrt nun in die Burg seines Vaters zurück.

Die ganze Burg feiert seine Rückkehr!

Die Menschen in der Burg und ihrer Umgebung müssen ihm von nun an gehorchen.

Was weißt du über die Ritter?

Kennst du die Namen dieser Gegenstände?

der Ritterstuhl

die Truhe

das Wappen

die Rüstung

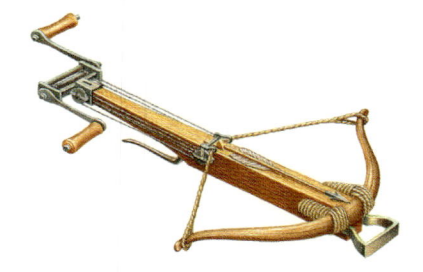

die Armbrust

der Schild

das Kurzschwert

das Katapult und die Blide

der Webstuhl	das Fass	der Backofen
der Amboss	der Wagen	
die Rassel	der Holzreifen	die Schreibtafel
der Holzzuber	das Zelt	die Schabracke

Register

Akrobat 37
Amboss 77
Amme 26
Armbrust 58, 76
Armbrustschütze 51
Ausrüstung 73
Ávila, Festungsstadt 21

Baby 26, 27
Backofen 35, 77
Ball 30
Banner 50, 63
Bär 42
Barbier 44
Bauer 12, 19, 28, 44, 51
Beere 18
Beinschiene 49
Belagerungsturm 59
Bett 15, 33
Blide 59, 76
Bogen 72
Bogenschütze 51, 52, 59
Brot 35
Brunnen 9, 13
Brustharnisch 49
Buch 28
Burg Himeji 21
Burg Peñafiel 21
Burgherr 14 – 16, 18, 23 – 25, 27 – 30, 36, 42, 60

Burgherrin 24, 26, 27
Burgverlies 56, 57

Castel del Monte 20
Château de Loches 21
Château de Rully 20

Diener 15, 23, 24, 45

Eichel 19
Ellenbogenkachel 49
Ente 72
Esskastanie 18

Falke 72
Fallgatter 11
Falltür 56
Fasan 42, 72
Fass 35, 77
Feldarbeit 28
Fest 36, 37
Festmahl 15, 36, 37
Frieden 60
Fußsoldat 51

Geburt 26
Geistlicher 45
Geschirr 31, 37
Gürtel 28

Handwerker 13
Hase 42, 72
Hauskaplan 29
Helm 49, 58
Herold 51
Hirsch 42
Hofmeister 29
Holzpferd 69
Holzreifen 30, 77
Holzzuber 27, 77
Honig 18
Horn 72
Hufeisen 16

Instrument 31

Jagd 18, 42, 72
Jagdhund 43
Jongleur 37, 38

Kampf 16, 38 – 40, 47, 56, 58, 67, 71
Kapelle 9, 74
Katapult 52, 59, 76
Kettenhemd 49
Kilchurn Castle 20
Kind 24 – 32
Kleinwild 72
Knappe 48, 70 – 74
Knecht 13, 16, 24, 44

Koch 34
Köcher 51
Krak des Chevaliers 20
Krieg 47, 60, 71 – 73
Kriegsbeil 58
Küche 34
Küfer 44
Kurzschwert 70, 76

Lanze 39, 41, 50, 71, 73
Lehrzeit 66

Magd 13, 24
Marstall 16, 67
Mauern 6, 8, 9, 13, 15, 52, 59
Musikant 37, 45
Musizieren 66

Nähen 31
Nuss 18

Page 64, 66, 67, 69, 70
Palisade 59
Pfeil 48, 51, 72
Pferd 16, 17, 38, 41, 42, 48, 67, 69, 74
Pilz 18
Pluteus 59
Puppe 31, 71
Puppengeschirr 31

Quintana 71

Rassel 30, 77
Räuber 18

Rechnen 29
Reitunterricht 69
Ritter 16, 38 – 40, 45, 47 – 51, 62 – 64, 66, 67, 70, 72, 74, 75
Ritterschlag 74
Ritterstuhl 76
Rüstkammer 15
Rüstung 39, 47, 48, 50, 51, 76

Schabracke 38, 77
Schach 24, 70
Schenkelstück 49
Schießscharte 14
Schild 63, 71, 73, 76
Schlachtfeld 73
Schlafraum 15, 32
Schmied 16
Schreiben 28, 29
Schule 28
Schulterpanzer 49
Schwein 19, 34
Schwert 58, 67, 70, 73, 74, 76
Soldat 13 – 15, 50 – 52, 56, 58
Spielzeug 24, 30
Spieß 42
Stahlhandschuh 49
Stallknecht 16
Steckenpferd 31
Sticken 31
Streitflegel 58
Streitkolben 58
Sturmleiter 52, 55

Tafel 28, 77
Tanzen 66
Taufe 26
Tierbändiger 37
Tribüne 39
Trompeter 38
Truhe 15, 76
Turm 6, 9, 14, 15, 52
Turnier 38, 39, 71

Vieh 12, 13
Visier 49

Wachs 28
Waffe 15, 47, 58, 67, 70, 74
Waffenmeister 70
Waffenwache 74
Wagen 16, 77
Wald 18, 19, 42, 43
Wappen 50, 62, 63, 76
Webstuhl 76
Wein 15, 35
Wiegenlied 27
Wild 18, 72
Wildschwein 43
Wirtschaftshof 9, 12, 13
Wohnturm 9, 14, 15
Wolf 42
Würfelspiel 24

Zelt 38, 77
Zimmermann 44
Zinne 14, 55
Zugbrücke 8 – 10
Zugpferd 16

Entdecke die Welt mit „Meyers kleiner Kinderbibliothek"!

Der Apfel	Der Fuchs	Die Pyramide
Der Bauernhof	Der Fußball	Die Ritterburg
Der Baum	Der Hund	Das Schiff
Die Baustelle	Der Igel	Die Schildkröte
Die Biene	Die Indianer	Der Schmetterling
Die Blume	Das Kaninchen	Die Schnecke
Der Delfin	Die Katze	Die fünf Sinne
Kleiner Deutschlandatlas	Im Kindergarten	Am Strand
Der Dinosaurier	Der Körper	Der Tiger
Der Dschungel	Im Krankenhaus	Der Vogel
Das Ei	Der Löwe	Die Vulkane
Das Eichhörnchen	Der Marienkäfer	Der Wal
Der Eisbär	Die ersten Menschen	Das Weltall
Der Elefant	Der Mond	Kleiner Weltatlas
Die Erde	Das Nilpferd	Das Werkzeug
Unter der Erde	Der Panda	Das Wetter
Die Farbe	Das Pferd	Die Zahlen
Die Feuerwehr	Der Pinguin	Der Zirkus
Das Flugzeug	Die Piraten	Der Zug
Der Frosch	Die Polizei*	

* soeben erschienen

© für die deutsche Ausgabe Meyers 2012
Bibliographisches Institut GmbH
Dudenstraße 6, 68167 Mannheim
Titel der Originalausgabe: Chevaliers et châteaux forts
© 2011 Éditions Gallimard Jeunesse
Konzept und Redaktion: Delphine Gravier-Badreddine
Illustrationen: Emmanuelle Étienne, Donald Grant, Christian Heinrich,
Pierre de Hugo, Ute Fuhr und Raoul Sautai, C+D Millet,
Daniel Moignot, Dominique Thibault
Aus dem Französischen von Barbara Heller
Redaktion dt. Ausgabe: Andrea Essers
Herstellung: Verona Meiling
Printed in China

ISBN 978-3-411-81199-1